DAS LEBEN IST NICHTS OHNE DIE FREUNDSCHAFT.

FREUNDE

AUS DEM ENGLISCHEN VON RITA SEUSS

KNESEBECK

WENN ICH DIR ZU EHREN EINE REDE HALTEN MÜSSTE,
VOLLER DANKBARKEIT UND TIEFER ZUNEIGUNG, WÜRDE DIR DIE
SCHAMESRÖTE INS GESICHT STEIGEN UND DU WÜRDEST
DEN KOPF EINZIEHEN. DAHER VERZICHTE ICH LIEBER DARAUF.
TUN WIR SO, ALS HÄTTE ICH SIE GEHALTEN.

Marion C. Garretty

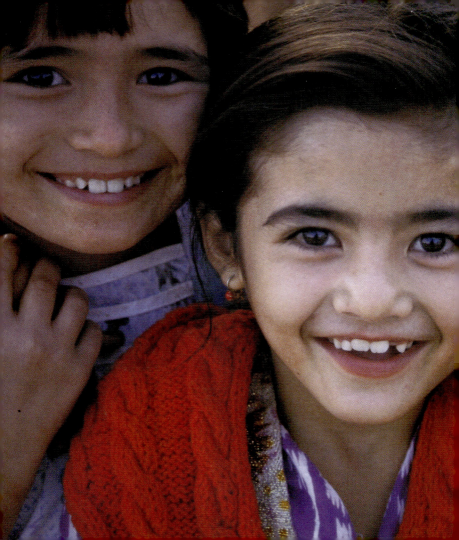

FREUNDE VERSTÄNDIGEN SICH AUCH OHNE WORTE.

EIN GUTER FREUND IST DER BESTE SPIEGEL.

George Herbert

FREUNDSCHAFT PRÄGT EIN LEBEN STÄRKER ALS LIEBE.

Elie Wiesel

MITFREUDE, NICHT MITLEIDEN, MACHT DEN FREUND.

Friedrich Nietzsche

FREUNDSCHAFT VERDOPPELT DIE FREUDE UND HALBIERT DAS LEID.

Schwedisches Sprichwort

NUR FREUNDSCHAFT KANN DIE WELT RETTEN.

FREUNDE TEILEN ALLES MITEINANDER.

Platon

EIN TAG, DEN MAN MIT GUTEN FREUNDEN VERBRACHT HAT,
IST EIN GRUND ZUM FEIERN.

WO FREUNDSCHAFT IST, IST GLÜCK.

MIT GUTER BEGLEITUNG IST KEIN WEG LANG.

Türkisches Sprichwort

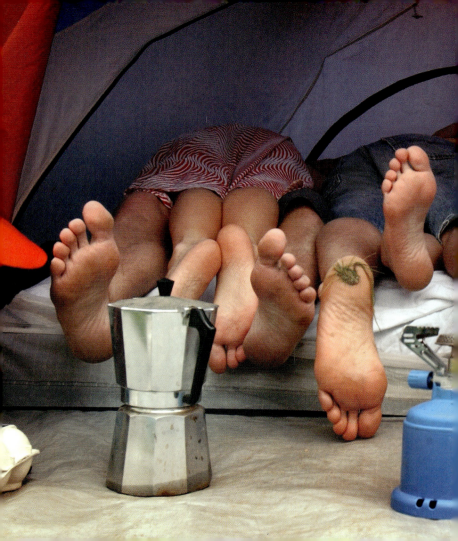

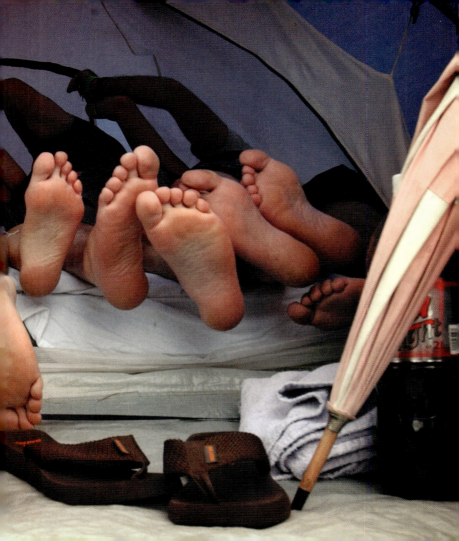

UM MICH SIND ENGEL,
ABER ICH NENNE SIE MEINE BESTEN FREUNDE.

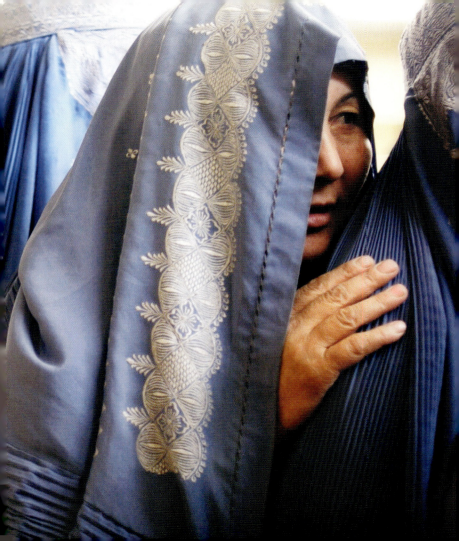

EIN FREUND IST JEMAND,
DER ALLES ÜBER DICH WEISS UND DICH TROTZDEM LIEBT.

WIE KOSTBAR UND GROSSARTIG IST DER MOMENT,
IN DEM WIR ERKENNEN, DASS WIR EINEN FREUND GEFUNDEN HABEN.

William Rotsler

EINEN FREUND FINDEN HEISST EINEN SCHATZ FINDEN.

Bibliografische Information Der Deutschen Nationalbibliothek
Die Deutsche Nationalbibliothek verzeichnet diese Publikation in der Deutschen
Nationalbibliografie; detaillierte bibliografische Daten sind im Internet unter
http://dnb.d-nb.de abrufbar.

Titel der Originalausgabe: *The Friendship We Share*
Erschienen bei PQ Blackwell Limited, 116 Symonds Street, Auckland, Neuseeland, 2008
Copyright © 2008 PQ Blackwell Limited

Deutsche Erstausgabe
Copyright © 2008 von dem Knesebeck GmbH & Co. Verlags KG, München
Ein Unternehmen der La Martinière Groupe

Gestaltung: Carolyn Lewis
Umschlaggestaltung: Leonore Höfer
Satz: satz & repro Grieb, München
Druck: 1010 Printing International
Printed in China

ISBN 978-3-89660-513-9

www.knesebeck-verlag.de